Spaziergang durch den Garten

Kreuzstichmotive

Dora

Fingerhut

Christiane Dahlbeck

Abweichende Farben sind drucktechnisch bedingt.

Herstellung: Schürmann + Klagges, Bochum
ISBN-Nr.: 3-920612-82-5

Einleitung

Seit einigen Jahren zählt die Kreuzstichstickerei zu einer meiner großen Leidenschaften.

Die Art und Weise, wie aus einem Stück Stoff und ein paar Fäden ein kleines Kunstwerk entsteht, fasziniert mich immer wieder aufs Neue.

Es ist für mich jedes Mal wieder spannend und oft überraschend, die Farben, Formen und Motive miteinander zu kombinieren und ihre Wirkung aufeinander zu beobachten.

Die Idee, meine Stickmotive auch einmal in einem Buch zu veröffentlichen, stammt nicht von mir. Immer wieder erhalte ich Anrufe und Briefe von Stickerinnen, die mich fragen: „Haben Sie auch einen Katalog oder ein Heft oder sogar ein Buch mit Anleitungen?“

Irgendwann habe ich mich gefragt: „Wieso eigentlich nicht?“

Das Ergebnis halten Sie nun in Ihren Händen. Ich hoffe, die Motive gefallen Ihnen und wünsche Ihnen viel Spaß und Freude beim Sticken.

Ihre

Christiane Dahlbeck

Material und Sticktechniken

Die Motive sind im Kreuzstich gearbeitet. Vereinzelt werden außerdem Knötchenstiche und Steppstiche verwendet.

Der **Kreuzstich** besteht aus dem von links unten nach rechts oben verlaufenden Unterstich und dem in entgegengesetzter Richtung verlaufenden Deckstich (Abb. 1). In der Regel stickt man in waagerechten Hin- und Rückreihen. Eine andere Variante ist das Sticken in senkrechten Reihen (Abb. 2).

Abb. 3 zeigt Kreuzstiche, die gegeneinander verschoben sind. Hierbei sollten Sie jeden Kreuzstich für sich fertigstellen.

Abb. 4 zeigt halbe Kreuzstiche. In den Musterzeichnungen sind diese durch Symbole gekennzeichnet, die nur ein halbes Kästchen ausfüllen. Halbe Kreuzstiche können entweder über 2 Fäden des Stoffes in der Breite und 1 Faden in der Höhe (waagerechtes Symbol) oder über 1 Faden in der Breite und 2 Fäden in der Höhe (senkrechtes Symbol) gestickt werden.

Der **Steppstich** wird als „Linienstich" über 2 Fäden oder wie im Muster angegeben gestickt (Abb. 5).

Beim **Knötchenstich** (Abb. 6) liegt der Stickfaden oben auf dem Stoff. Mit der rechten Hand halten Sie die Sticknadel. Zwischen Zeigefinger und Daumen der linken Hand liegt der Stickfaden, den Sie zweimal um die Nadel wickeln. Die Sticknadel wählen Sie so, daß sie senkrecht einsticht, etwas oberhalb des herauskommenden Stickfadens. Solange die Nadel im Stoff steckt, halten Sie mit der linken Hand den Stickfaden und ziehen ihn fest an, bis das Knötchen auf dem Stoff sitzt. Erst dann ziehen Sie die Nadel ganz durch den Stoff und kommen zum Sticken des nächsten Knötchens wieder mit der Nadel hoch.

Abb. 1

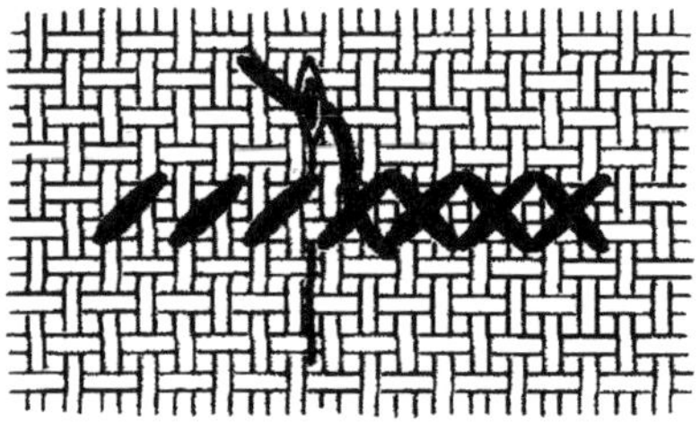

Abb. 2

Abb. 3

Abb. 4

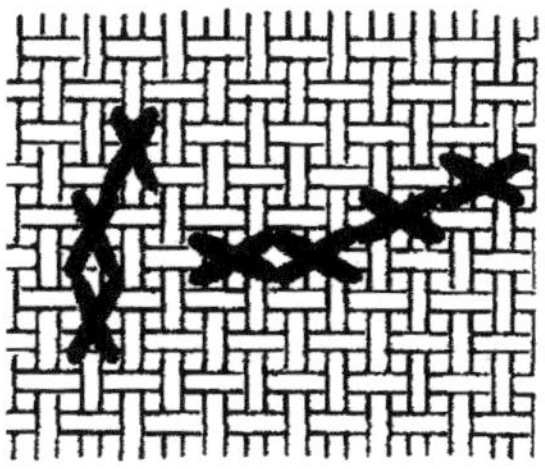

Abb. 5

Abb. 6

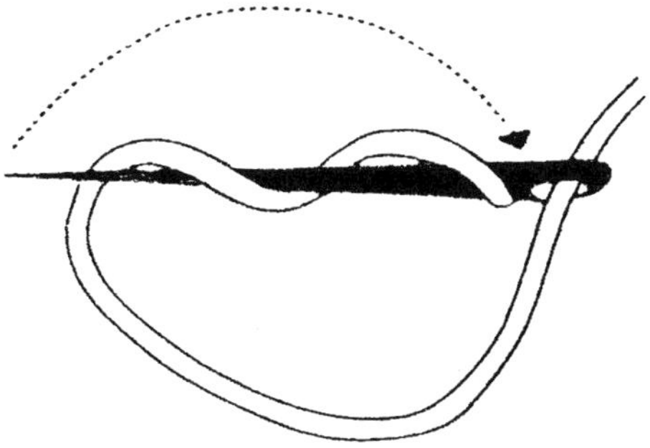

Bei jedem Zählmuster finden Sie die Legende mit Symbolen und Nummern für die verschiedenen Farben. Die Farbnummern entsprechen dem Dänischen Blumengarn. Wenn Sie ein anderes Stickgarn verwenden möchten, verweise ich auf die Umsetzungstabelle am Ende des Buches. Dort finden Sie Vorschläge, das Dänische Blumengarn durch die Garne anderer Hersteller zu ersetzen. Alle Angaben verstehen sich nur als Vorschlag. Wenn Sie die Garne für Ihr Stickmotiv zusammengestellt haben, überprüfen Sie bitte, ob alle Farben miteinander harmonieren.

Das Dänische Blumengarn wird einfädig verarbeitet.

Ein Quadrat auf dem Muster entspricht 2 Fäden im Leinen. Alle Motive dieses Buches, mit Ausnahme des Schleifenbandes „Vier Jahreszeiten“ und „Otto und Mathilde“, sind auf 12fädigen Leinem gestickt. Die Materialangaben zu den Schleifenbändern finden Sie direkt bei den Anleitungen.

Bei jedem Muster finden Sie Angaben über den Stoffzuschnitt. Bitte beachten Sie, daß immer das 12fädige Leinen zugrunde gelegt ist. Wenn Sie einen anderen Stoff verwenden, müssen Sie den Stoffzuschnitt evtl. in einer anderen Größe wählen.

Als Sticknadel verwende ich Nadeln der Größe 24, ohne Spitze, damit ich beim Sticken nicht das Gewebe beschädige.

Schöne Plätze im Garten

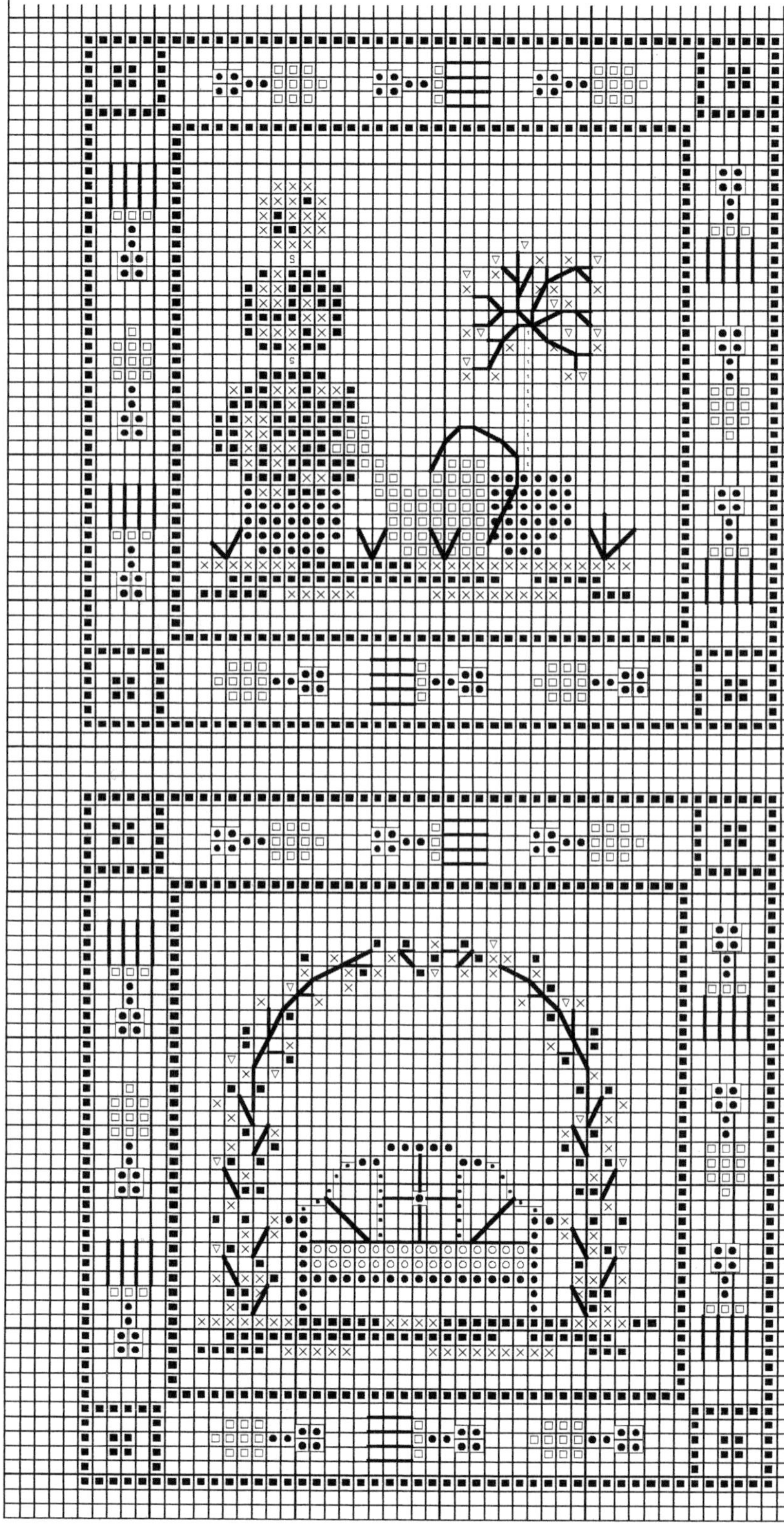

■	238
×	10
●	228
○	304
□	222
▽	86
s	216

Steppstiche
Gießkanne: 222
Werkzeug: 222
Wiese: 238
Bäumchen: 238
Ranke: 238
Bank: 228

Stoffzuschnitt
je Motiv 20 x 20 cm

Ich bin nicht allein, denn von hier, wo ich weile,
erblickt man den herrlichsten Garten.
Ein solcher Garten ward niemals zuvor gesehen.

aus der Alhambra

Herz mit Kränzchen

Stoffzuschnitt: 20 x 20 cm

Steppstiche mit Farbe 99 sticken

Herz mit Farbe 238 aussticken

× 304 □ 238 ▲ 99 ■ 600

Vergiß-mein-nicht

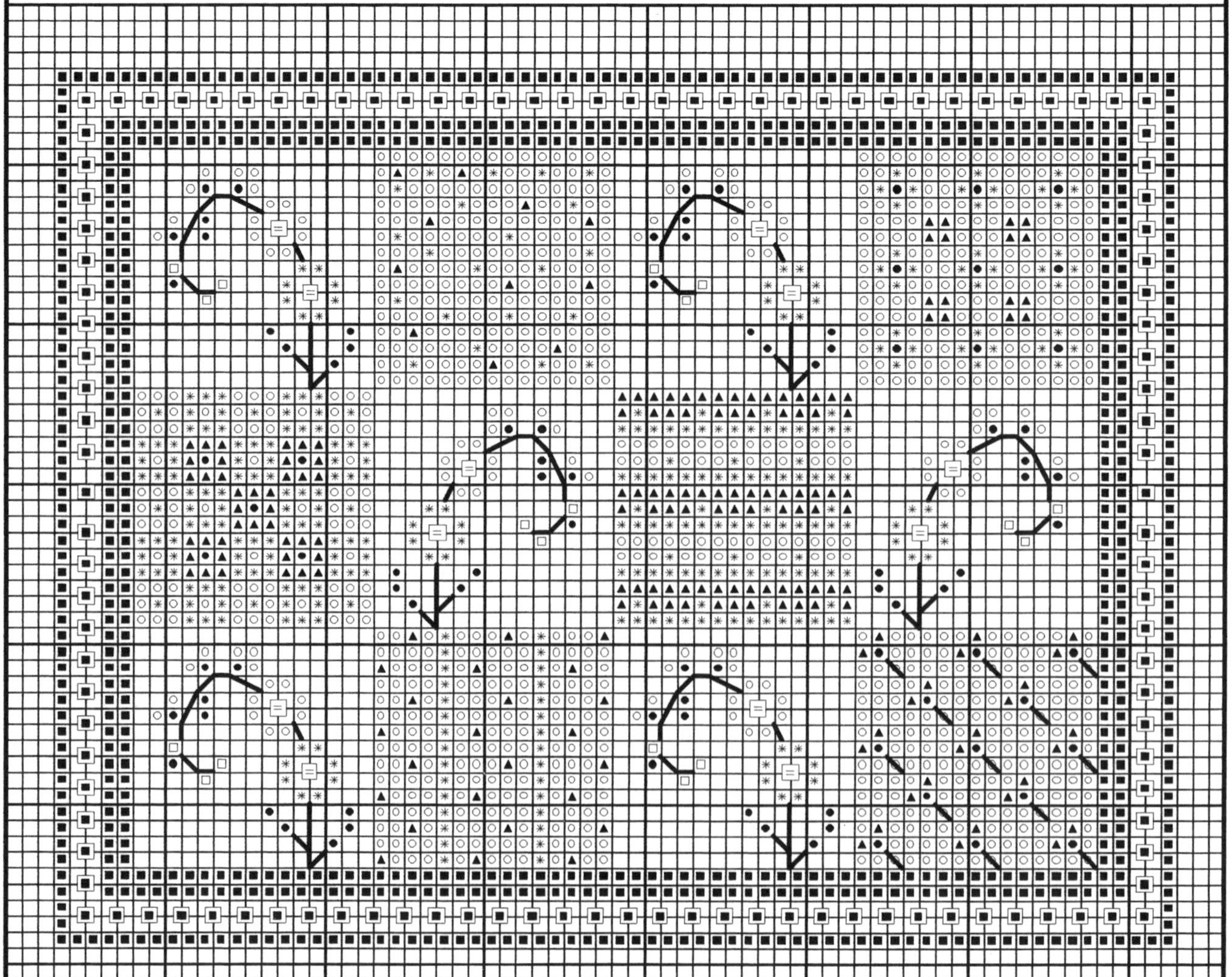

40 228 304 227 48

2 7 oder DMC 644, DMC-Garn 2-fädig verwenden

Stoffzuschnitt: 25 x 20 cm
Steppstiche mit Farbe 40 sticken.

Ein Herz für Gänseblümchen

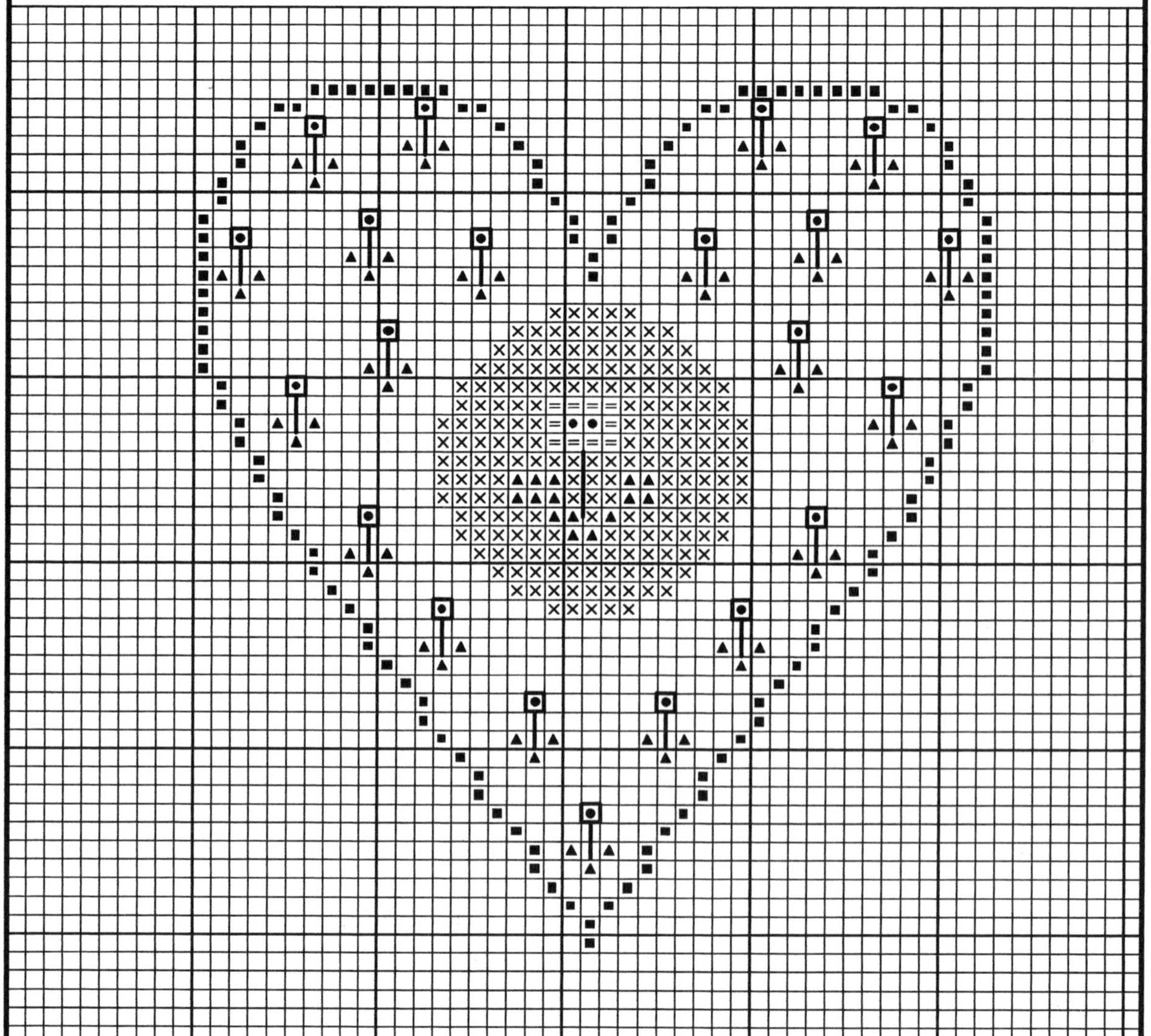

Stoffzuschnitt: 20 x 20 cm

Herz mit Farbe 228 aussticken, danach mit Farbe 600
die kleinen Blüten in Steppstich umranden.
Die Stiele der Blüten als Steppst. mit Farbe 40 sticken.

■ 228 × 304 ● 48 ▲ 40 = 600

Vogelkranz

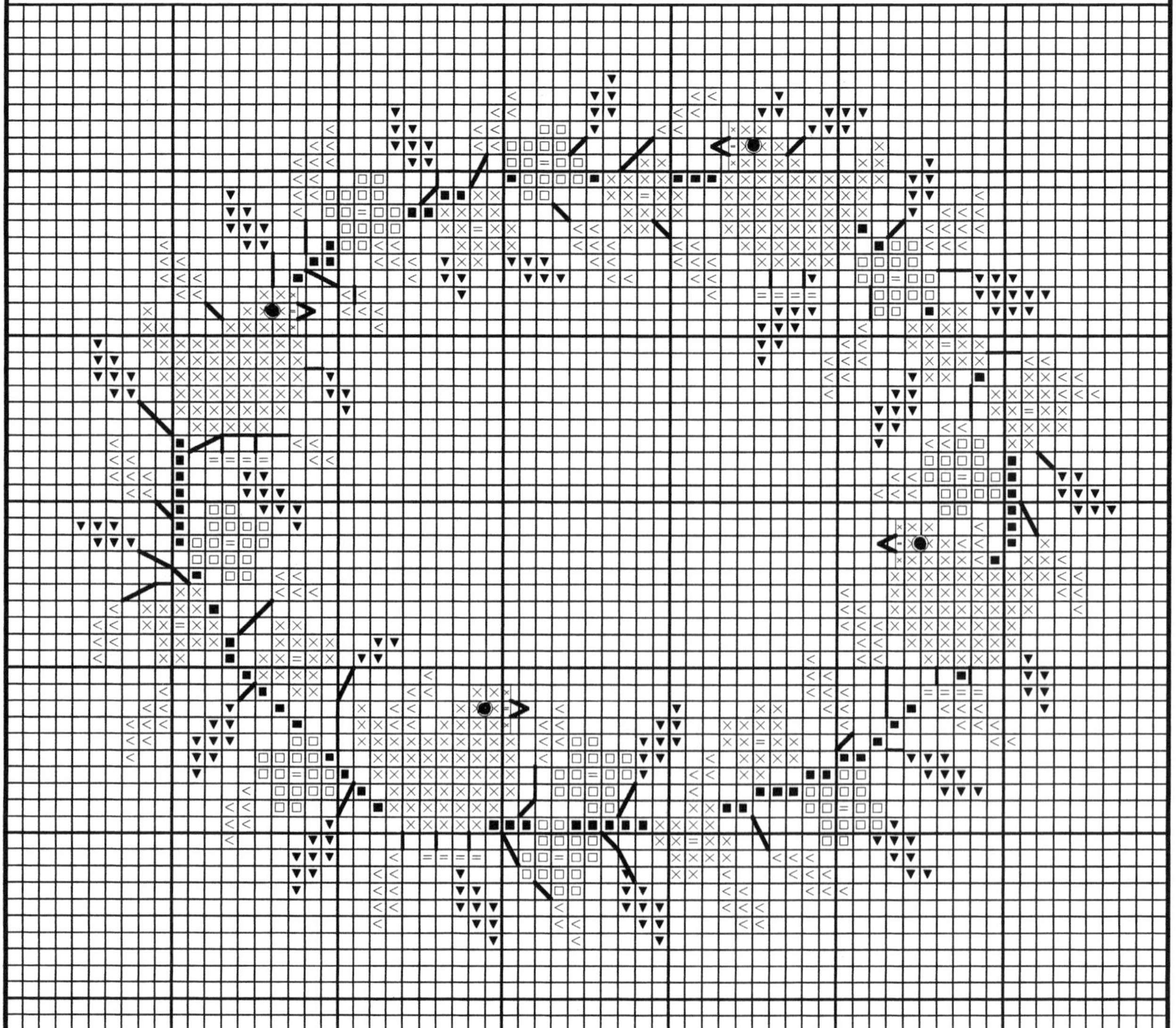

Symbol	Farbe
▼	238
<	10
■	223
□	304
×	228
=	48

Stoffzuschnitt: 20 x 20 cm

Steppstiche:

Blumenranke = Farbe 10
Vögel = Farbe 48

Knötchenstiche:

Augen = Farbe 48

Liebe Grüße !

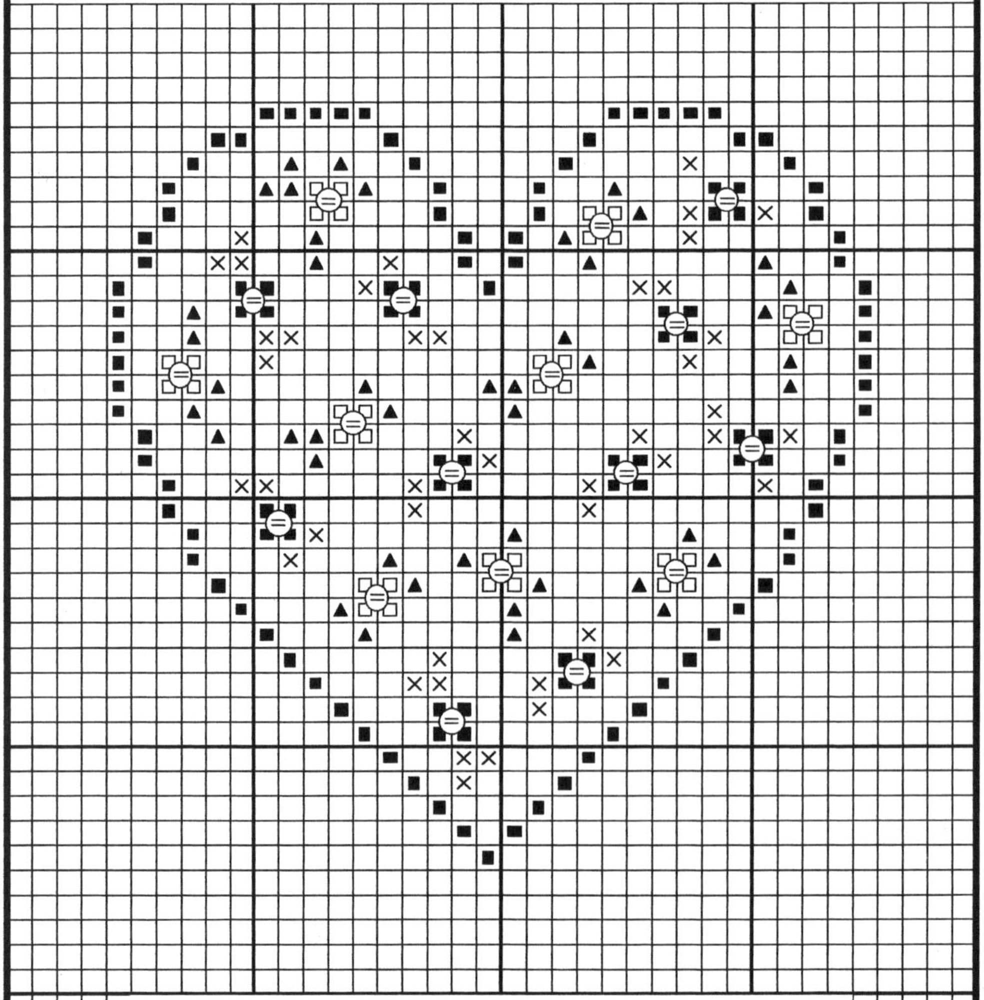

■ 228 = 48 ▲ 10

□ 304 × 100

Stoffzuschnitt: 15 x 15 cm
Knötchenstiche = Farbe 48

Buchsbaum-Liebe

210	10	238	95	216	228

Stoffzuschnitt: 25 x 30 cm

Steppstiche: Blätterbordüre = Farbe 228, Buchsbäume = Farbe 216

Schleierkrautherz

Stoffzuschnitt:
ungebleichtes Leinen 20 x 20 cm

○ 238   × 40   ■ 600 oder DMC blanc

Löwenzahn

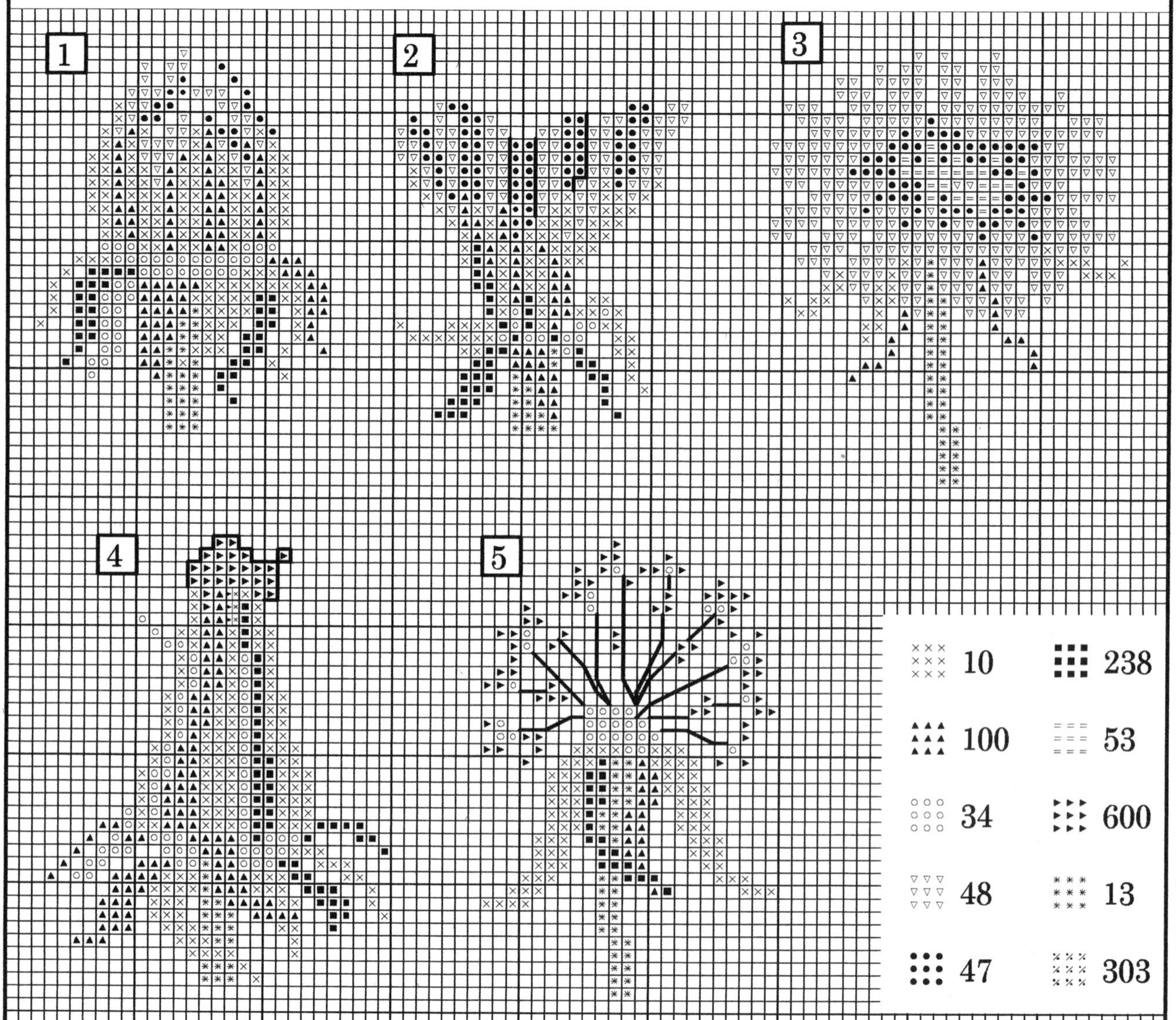

×	10	■	238
▲	100	=	53
○	34	▶	600
▽	48	*	13
●	47	⁎	303

Stoffzuschnitt je Motiv = 15 x 15 cm

<u>Steppstiche:</u>

Motiv 2 = Farbe 53

Motiv 4 = Farbe 303

Motiv 5 = Farbe 34

Fliegen im Juni auf weißer Bahn,
flimmernde Monde vom Löwenzahn.

aus „Löwenzahn“, Peter Huchel

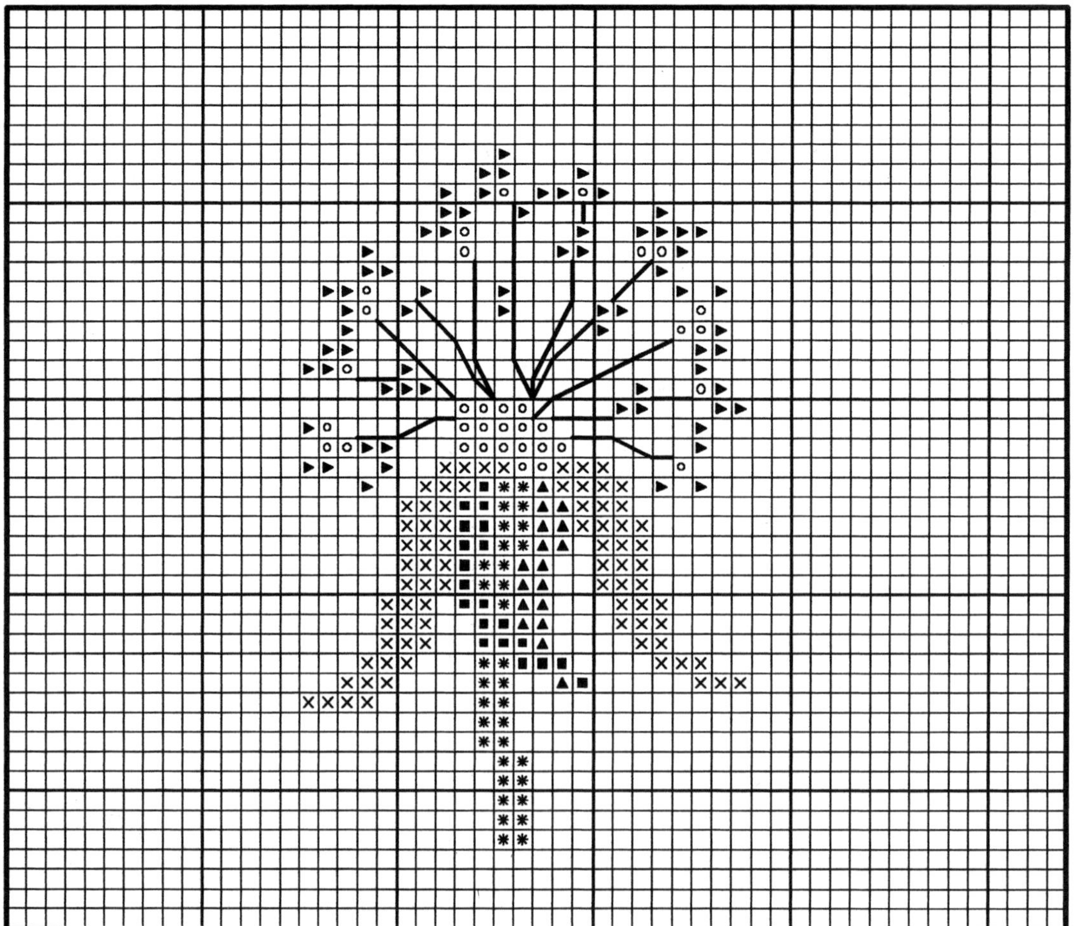

■	238	×	10	○	34
▶	600	✱	13	▲	100

Stoffzuschnitt: ungebleichtes Leinen, 12-fädig: 15 x 25 cm

Der Abstand zwischen dem unteren Stoffrand und dem Anfang der Stickerei sollte 7 cm betragen.

Der Abstand zwischen dem linken Stoffrand und dem Anfang der Stickerei sollte 4 cm betragen.

Steppstiche mit Farbe 34 sticken.

Klatschmohn

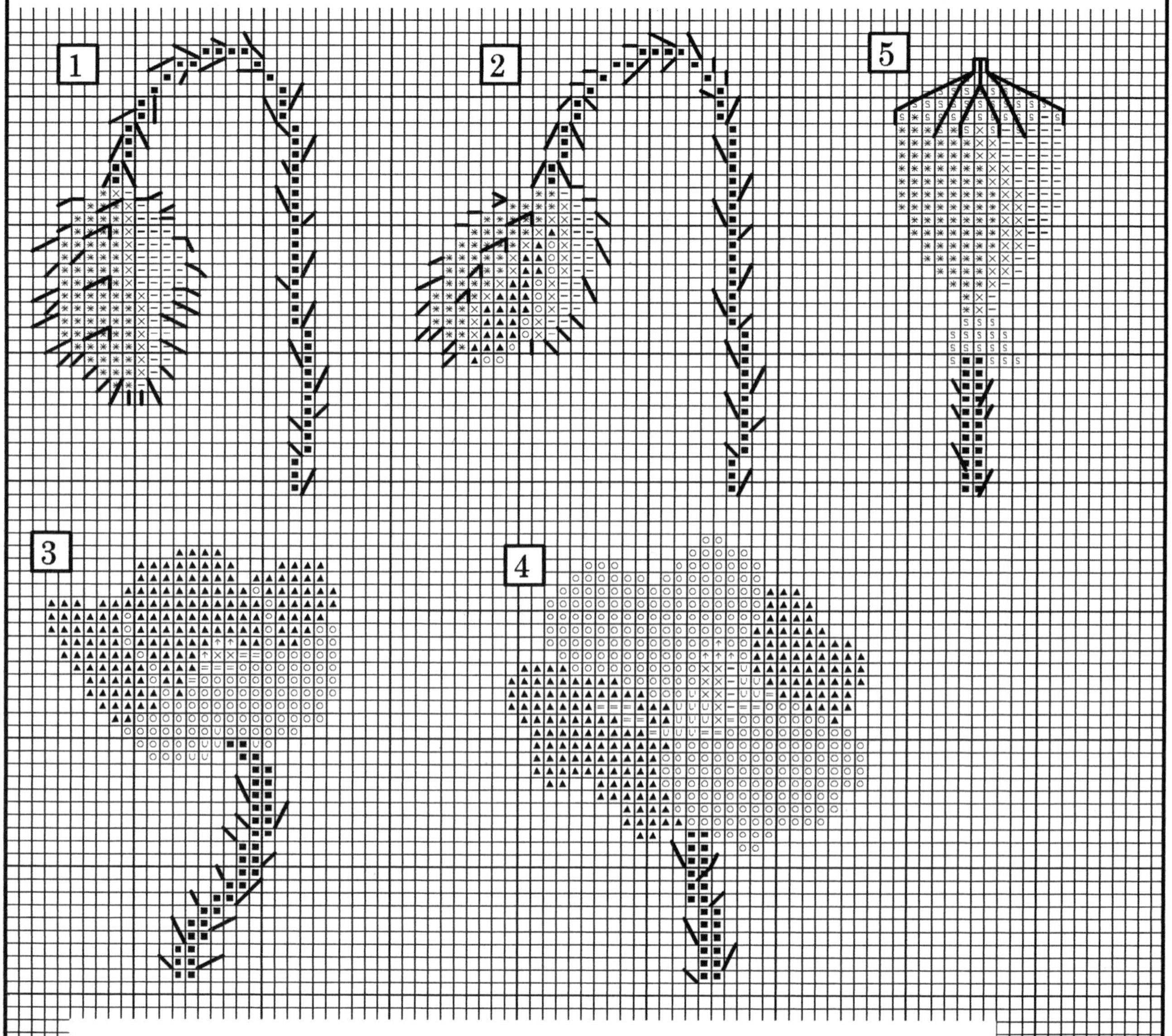

Symbol	Farbe
*	224
–	9
▲	86
∪	29
↑	218
▽	216
×	40
○	400
■	302
=	12
s	34

Stoffzuschnitt je Motiv = 15 x 15 cm
Steppstiche bei den Motiven 1-4 mit Farbe 40 sticken.
Steppst. bei Motiv 5: Stiel = Farbe 40; Mohnkapsel = 216

Unser Bruder ist der scharlachrote Mohn,
der brennt in flackernden roten Schauern.
Im Ährenfeld und auf den heißen Mauern,
dann treibt seine Blätter der Wind davon.

aus „Julikinder", H. Hesse

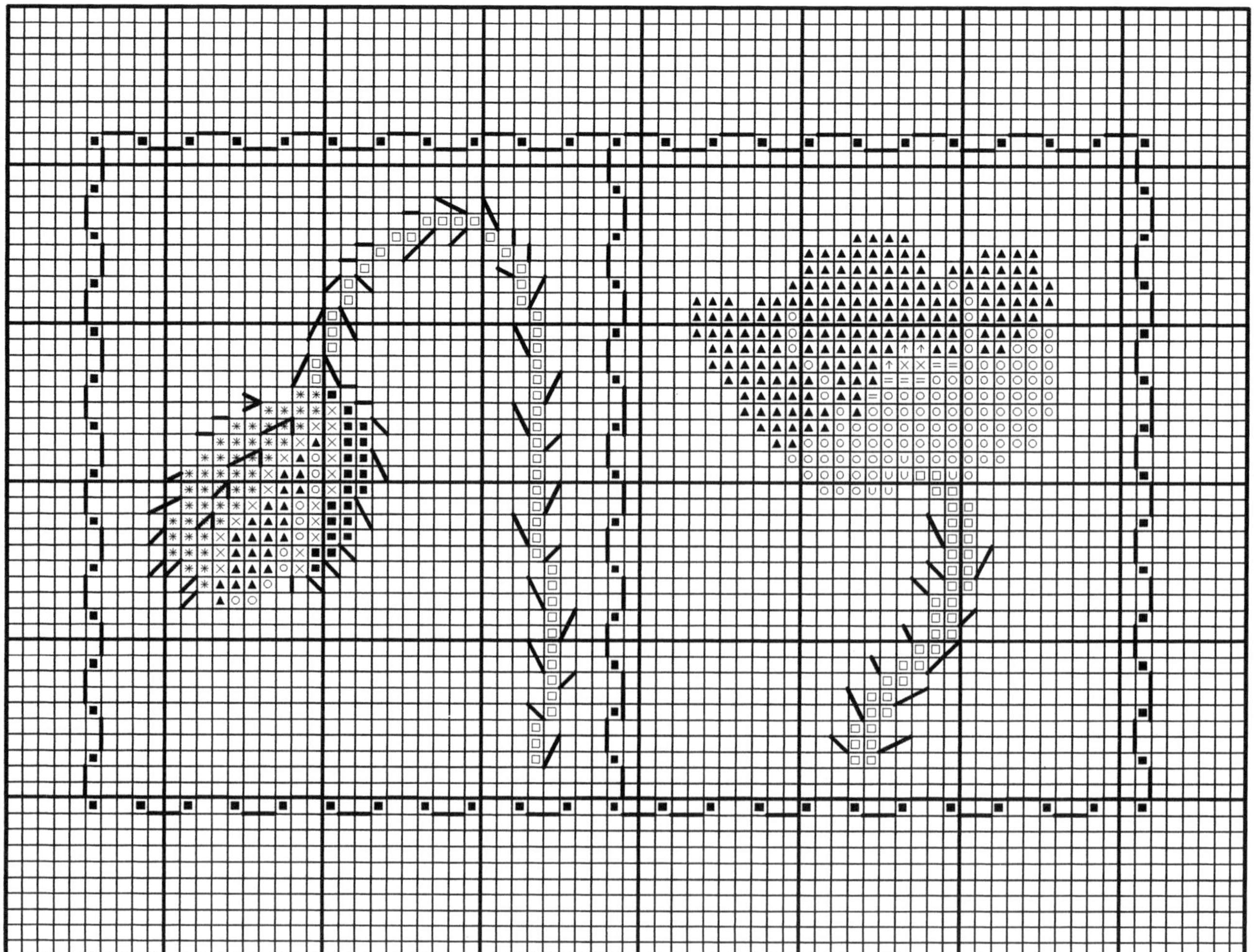

*	224	■	9	▲	86	∪	29	↑	218
×	40	○	400	□	302	=	12		

Stoffzuschnitt: ungebleichtes Leinen, 12-fädig: 20 x 30 cm
Der Abstand zwischen dem unteren Stoffrand und dem Anfang der Stickerei sollte 7,5 cm betragen.

Steppstiche bei den Motiven mit Farbe 40 sticken.
Steppstiche Rand = Farbe 9

Akelei

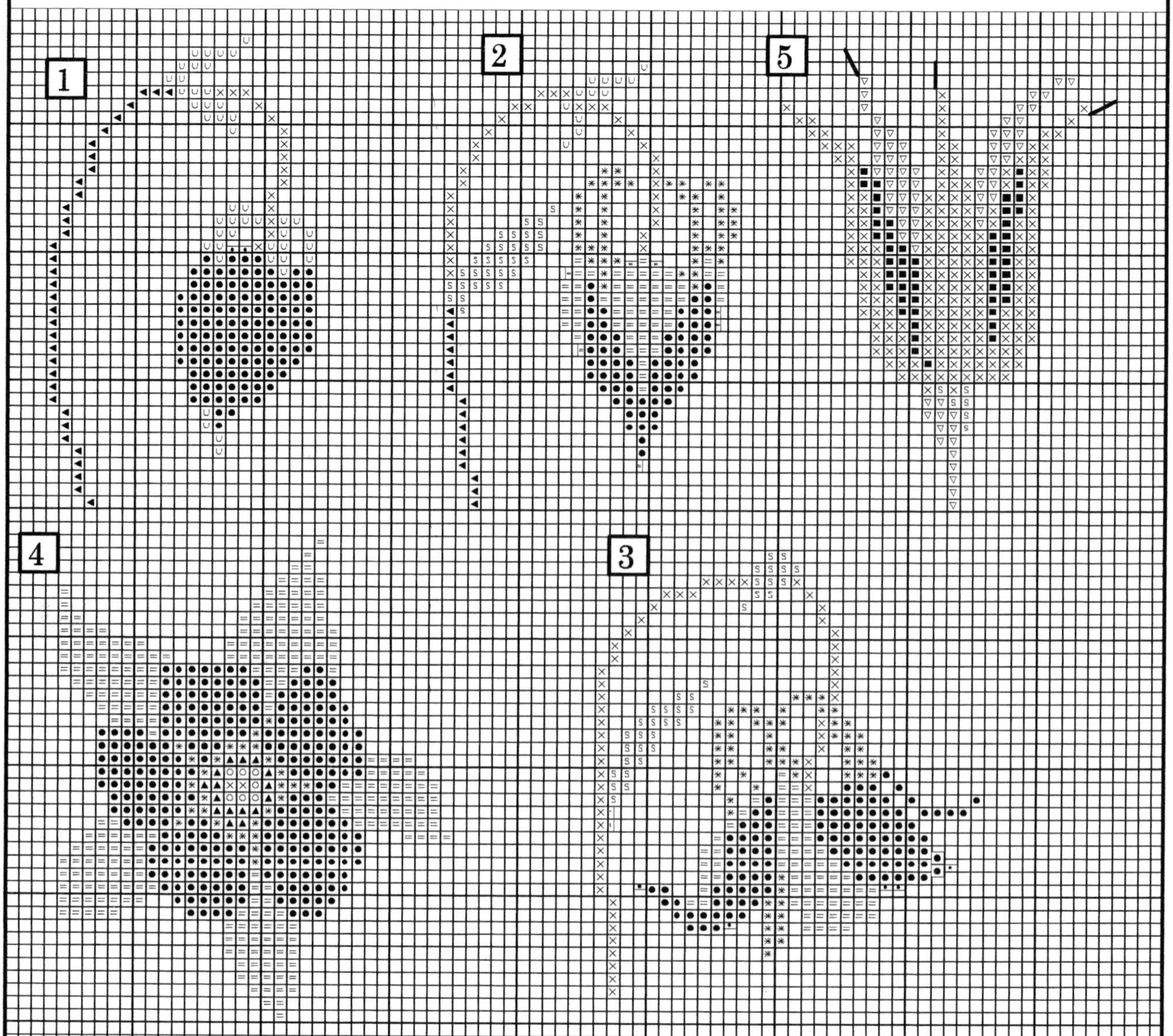

×	10
∪	223
■	210
●	5
✱	233
▲	31
s	238
○	34
▽	302
=	234
◀	4

Stoffzuschnitt je Motiv = 15 x 15 cm
Steppstiche bei Motiv 5 in der jeweiligen Farbe des Blattes sticken, d.h. entweder Farbe 302 oder 10.

Wer nur die Blüte sieht,
verpaßt die halbe Schönheit.

Tricia Guild

Weinrose

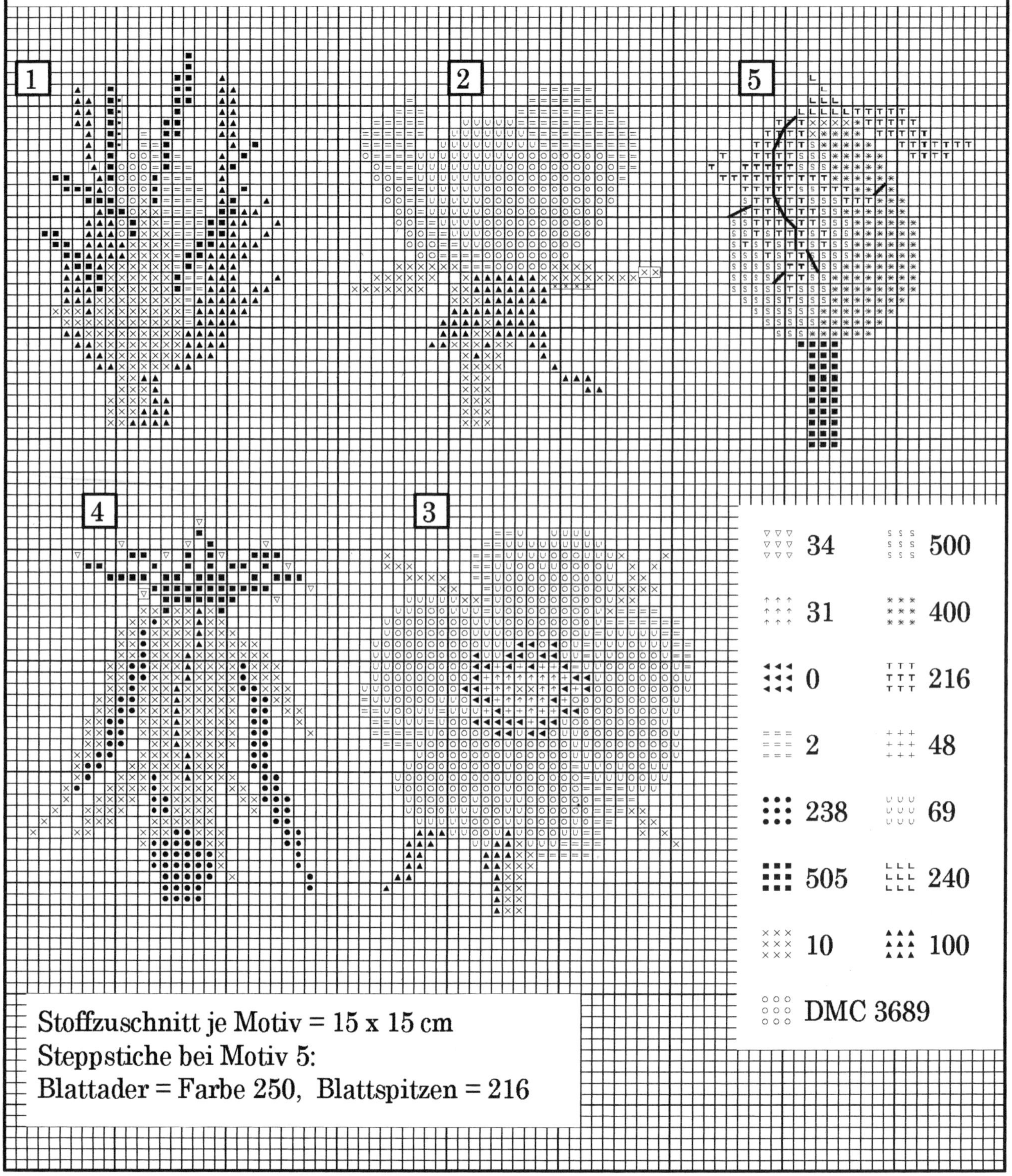

Symbol	Farbe	Symbol	Farbe
▽	34	s	500
↑	31	*	400
◄	0	T	216
=	2	+	48
●	238	U	69
■	505	L	240
×	10	▲	100
○	DMC 3689		

Stoffzuschnitt je Motiv = 15 x 15 cm
Steppstiche bei Motiv 5:
Blattader = Farbe 250, Blattspitzen = 216

Da konnte der kleine Prinz seine Bewunderung nicht mehr verhalten:
„Wie schön Sie sind!“
„Nicht wahr?“ antwortete sanft die Blume. „Und ich bin zugleich mit der Sonne geboren...“

aus „Der kleine Prinz“, Antoine de Saint-Exupéry

Bunter Sommerkranz

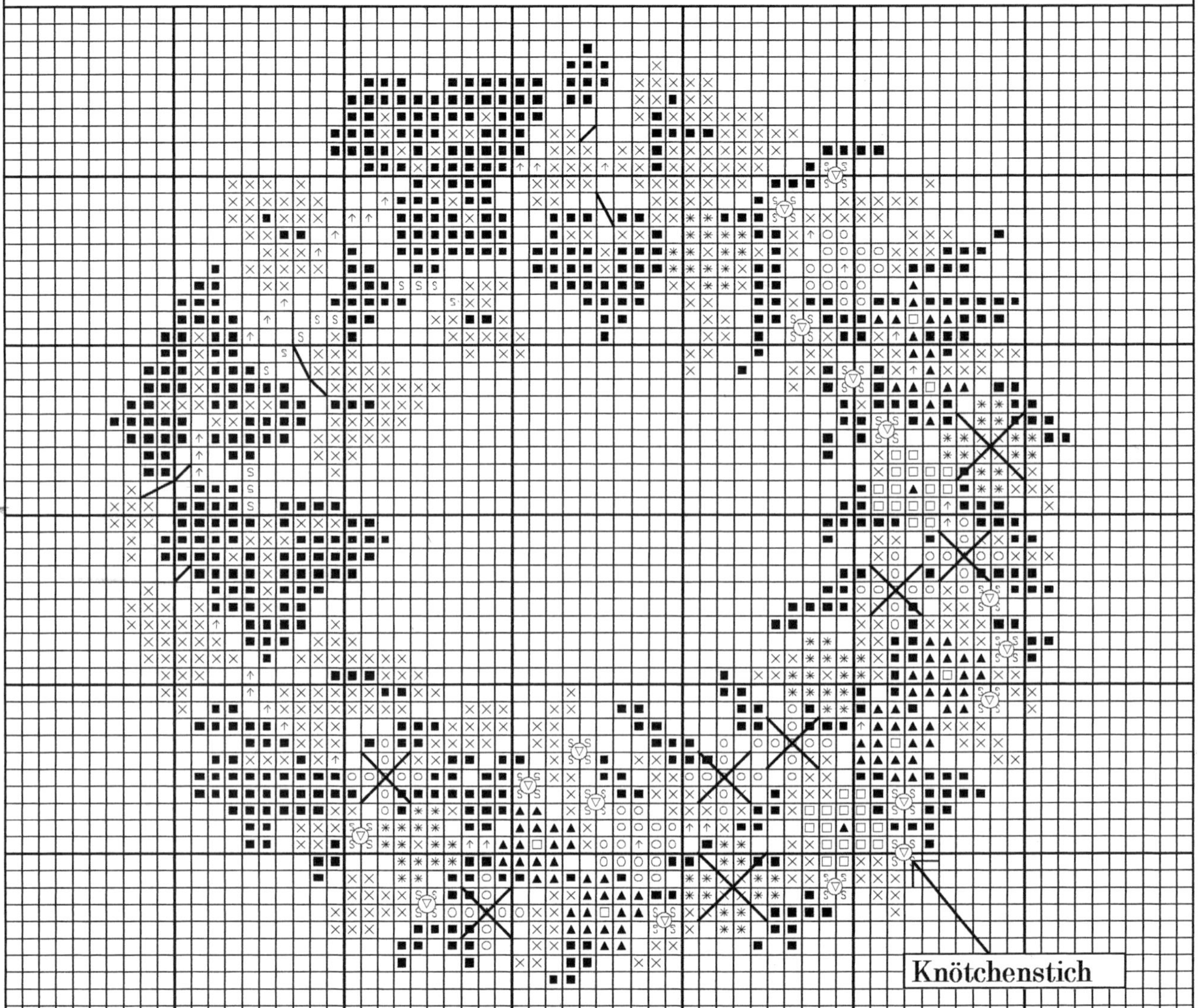

✳	400
▽	53
▲	1
■	238
S	505
×	411
○	54
□	37
⨯	10
↑	216

Stoffzuschnitt = 22 x 22 cm

Steppstiche bei den Blättern = Farbe 216

Steppstiche bei den Blüten in Orange = Farbe 53

Steppstiche bei den Blüten in Rot = Farbe 1

Knötchenstiche = Farbe 53

Frühling

Sommer

■■ 216	●● 238	▲▲ 6	∪∪ 86	== 240
×× 10	□□ 223	++ 48	▽▽ 600 oder DMC weiß	

<u>Steppstiche:</u> Baum = 216 Fahrrad = 240
Wiese 238 Gänse = 48

Stoffzuschnitt je Motiv 18 x 18 cm

Herbst

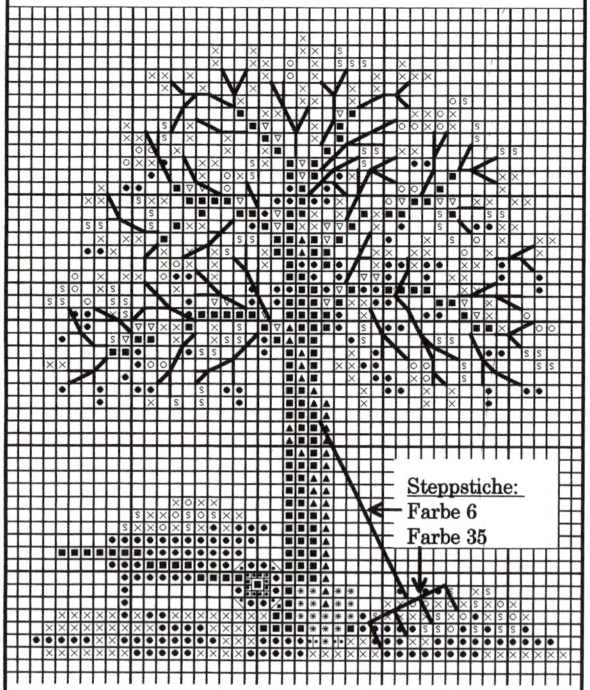

Winter

■ 216 ● 238 ▲ 6 ✻ 35 U 86 ▽ 600

S 203 ○ 500 × 40 + 48 ↑ 53

Steppstiche: Baum = 216 Nase Schneemann: 53
Vögel = 48

Knötchenstiche: Vogelfutter abwechselnd mit F. 53 u. 48

Otto und Mathilde

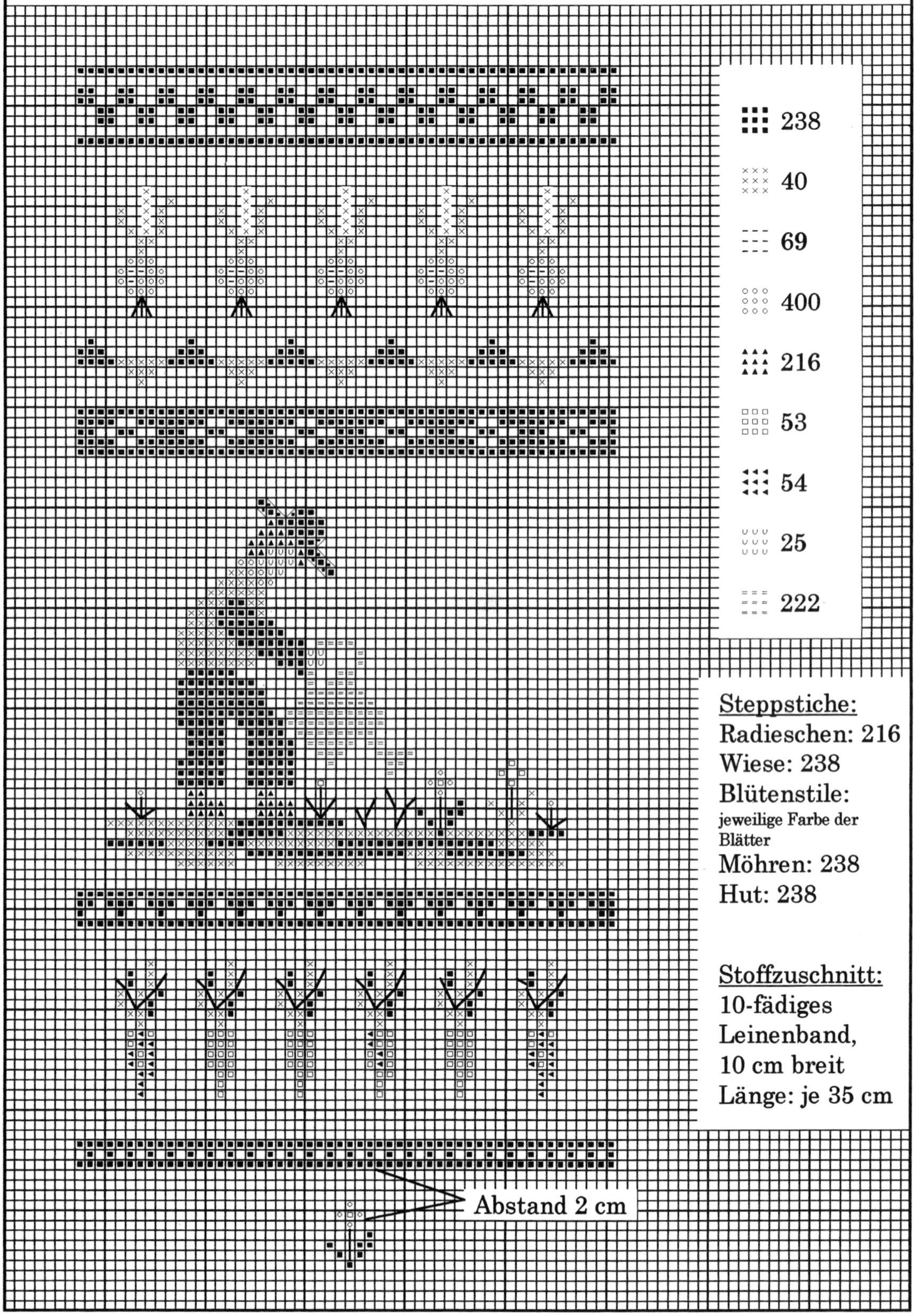

238
40
69
400
216
53
54
25
222

Steppstiche:
Radieschen: 216
Wiese: 238
Blütenstile:
jeweilige Farbe der Blätter
Möhren: 238
Hut: 238

Stoffzuschnitt:
10-fädiges
Leinenband,
10 cm breit
Länge: je 35 cm

Es färbte sich die Wiese grün,
Und um die Hecken sah ichs blühn;
Tagtäglich sah ich neue Kräuter,
Mild war die Luft, der Himmel heiter:
Ich wußte nicht, wie mir geschah,
Und wie das wurde, was ich sah.

aus „Es färbte sich die Wiese grün“, Novalis

Otto und Mathilde

- ■ 238
- × 40
- – 69
- ○ 400
- ▲ 216
- □ 53
- ◄ 54
- ∪ 25
- ⁝ 222

Steppstiche:
Radieschen: 216
Wiese: 238
Blütenstiele:
jeweilige Farbe der Blätter
Möhren: 238
Haare: 216
Rock: 400
Stiele,Strauß: 238
Mund: 400

Knötchenstiche:
Augen: 216
Blüten: ● = außen 400
□ = innen 53

Stoffzuschnitt:
10-fädiges Leinenband,
10 cm breit
Länge: je 35 cm

Farbe	Dänisches Blumen-garn	Deutsches Baumwoll-garn	MEZ Stick-twist	DMC Stick-twist	Farbe	Dänisches Blumen-garn	Deutsches Baumwoll-garn	MEZ Stick-twist	DMC Stick-twist
weiß	600	3006	1	weiß	braungrau	215	3512	393	640
natur	0	1000	2	ecru	schilfbraun	6	1006	277	830
schwarz	240	3042	403	310	gelbbraun	203	3302	907	680
silbergrau	303	3303	234	762	rostbraun	214	3412	355	975
hellgrau	19	2091	398	318	zimt	213	3312	365	436
mittelgrau	35	2053	399	414	sand	7	1007	326	644
dunkelgrau	20	2002	235	317	dunkelbeige	222	3222	392	523
anthrazit	32	1450	400	645	haut	25	2052	372	739
babyblau	33	2033	120	794	rehbraun hell	250		373	738
taubenblau	21	2012		932	blaßrosa	1		778	225
hellblau	229		144	813	rosa	69	2096	49	3689
saphirblau	227	3722	978	322	kräftigrosa	2	1002	75	604
blau	228	3822	979	312	altrosa blaß	232	3232		963
lagune	22	2022	977	518	altrosa	3	1003		3354
himmelblau	304	3403	176	334	flamingo	12	2012		776
marine	202	3202	150	939	pink kräftig	37	2073	54	602
enzian	17	2071	134	820	hellrot	86	2068	35	309
navy	220	3022	152	336	pink dunkel	205		77	3687
nachtblau	201	3102	127	823	rot	500	3005	13	350
grüngrau	302		860	3053	kirschrot	88	2088	9046	326
zartes hellgrün	99	2099	264	3348	feuerrot	97	2079	47	321
grüngrau dunkel	147	3741	681		rubin hell	14	2041	22	498
hellgrün	231		875	504	rubin	411	3114	65	815
hellgrün, kräftig	224		216	503	rubin dunkel	4		896	814
grün	10	2000	215	3363	rotbraun	29		897	902
mittelgrün	100	3001	217	367	ziegel hell	93	2039	324	
grün, kräftig	238	3832	218	700	ziegel dunkel	95	2059	326	720
birke, hell	223	3322	266	471	kupfer	96		338	922
weinlaub	237	3732	268	3347	rosenholz	15		893	316
helloliv	212	3212	845	472	lachs	113	3311	9	352
gelboliv	34		843	3013	lachs dunkel	13		10	
oliv	206	3602	846	520	flieder hell	233		96	3608
tanne hell	9	1009	877	561	flieder mittel	11		85	3607
tanne	210		683	319	flieder kräftig	234	3432	98	553
blautanne	211	3112	851	501	flieder dunkel	5		100	552
grüngelb	40		261	907	hellgelb	218	3522	292	3078
gelbgün	505	3505	280		sonnengelb	48	2084	290	743
gelbgrün hell	506		279		leuchtend gelb	31		291	973
gelbgrün dunkel	26		281	581	dunkelgelb	47	2074	297	834
grasgrün	101	3101	244	704	goldgelb dunkel	236		890	437
turmalin	8	1008	188	992	goldgelb	46	1932	891	729
petrol	226	3215	850	806	orange	53	2035	298	741
dunkelbraun	216	3612	905	838	dunkelorange	54	2054	306	977
mittelbraun	251	3152	358	869	rosenholz hell	235	3532	969	778

Neu erschienen:

Stickpackung P/188 Garten A-B-C

Stickpackung P/189 Patchworkmini „Garten“

Stickpackung P/190 Blumenkind.
Die Artikel erhalten Sie über den Fachhandel.

Stickereimuseum Oberhundem

Familie Steinacker

Rüsper Straße 1
57399 Kirchhundem-Oberhundem
Telefon 0 27 23 / 7 24 09 · Telefax 7 25 19

Öffnungszeiten des Museums:
Dienstag bis Sonntag von 14 bis 17 Uhr
An Montagen und Feiertagen geschlossen

Öffnungszeiten für Laden und Werkstatt:
Dienstag bis Freitag von 9 bis 12 Uhr
und von 14 bis 18 Uhr
Samstag, Sonntag und Montag von 14 bis 17 Uhr

Alle in diesem Heft vorgestellten **Rahmen und Passepartous** werden in unserer Einrahmungswerkstatt gefertigt, die dem Museum angeschlossen ist.
Sicherlich erhalten Sie diese auch in Ihrem Handarbeitsgeschäft.

Sonst wenden Sie sich an:

MICHAEL STEINACKER
EINRAHMUNGEN

im bildE

Viel Spaß beim Sticken und Rahmen!

Das freundliche Team des Stickereimuseums